Antonio Rafael Mengs

Su vida y su obra

José Nicolás de Azara

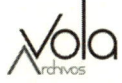

www.archivosvola.es
rescatando el acervo

Extraído de *Obras de Antonio Rafael Mengs*
publicadas por Joseph Nicolás Azara,
Madrid, Imprenta Real, 1797

ISBN: 978-84-129820-1-5
D.L.: M-11002-2025

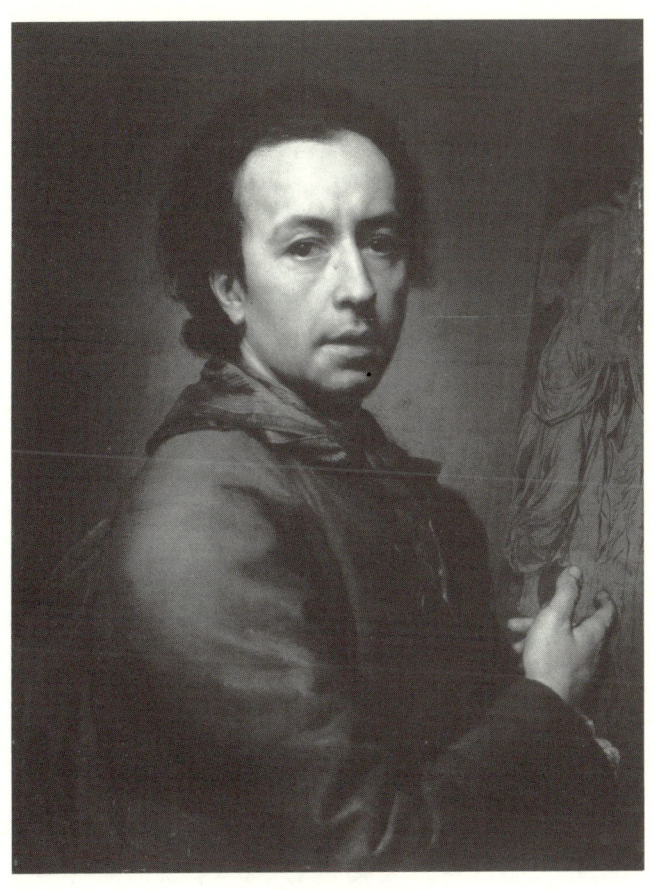

ANTON RAPHAEL MENGS
(Aussig, 1728 - Roma, 1779)
Autorretrato de 1774

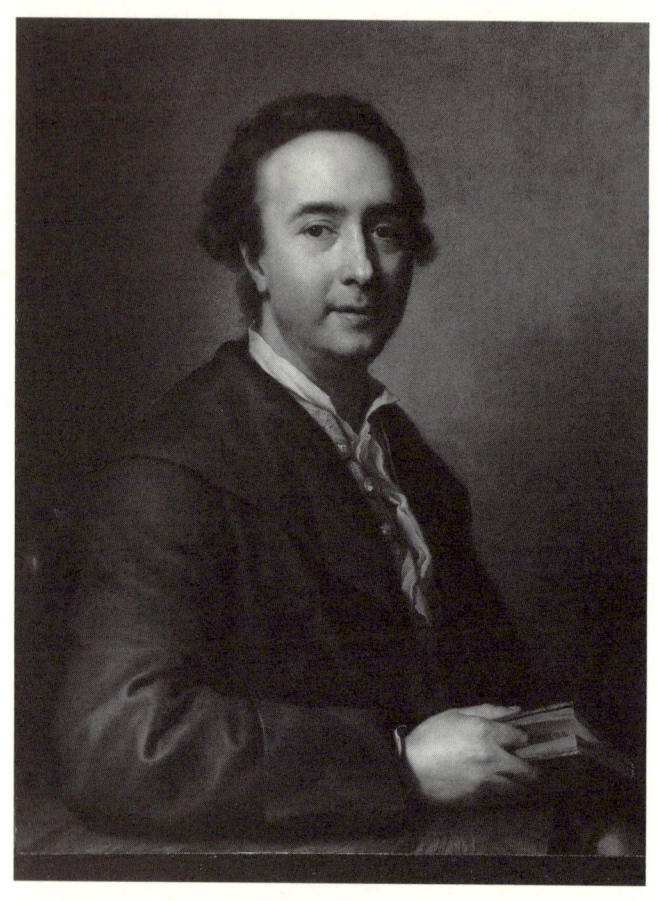

JOSÉ NICOLÁS DE AZARA
Diplomático y mecenas (Barbuñales, 1730 - París, 1804)
Retratado por Mengs en 1774

NOTICIAS DE LA VIDA Y OBRAS.
DE D. ANTONIO RAFAEL MENGS,
PRIMER PINTOR DE CÁMARA DEL REY.

La mayor parte de los hombres pasa la vida vegetando sobre la tierra sin reflexionar en los bienes y comodidades que disfruta, y mucho menos en los pocos sujetos que con su ingenio y trabajo se las han procurado. Esta casi general ingratitud procede de ignorancia y desidia; siendo muy conforme a nuestra naturaleza corrompida gozar lo más que se puede sin fatigarnos. Ha habido no obstante siglos, en los cuales, más que en otros, algunos hombres han sacudido la inacción, vencido el vicio, y hecho triunfar la virtud. El nuestro quizá será distinguido en la posteridad por el siglo de la inquietud. Las Artes, las ciencias, la política, las fortunas de las naciones y de los particulares, y hasta la vida doméstica, todo está en un continuo movimiento y agitación. Tanta actividad ha debido producir inmensa suma de conocimientos útiles en todos géneros; pero unida a la desidia y nausea, que nacen de la opulencia. Hemos extendido mucho la superficie de nuestras luces y comodidades; pero tal vez hemos perdido al mismo paso la intención y fuerza de ella. La vehemencia del amor de la patria, de la gloria, y de las Artes que la procuran, que tuvieron algunos pueblos antiguos, pasa entre nosotros por necedad, ó por fábula; porque nuestra costumbre es abrazar mucho, no profundizar nada, y ser medianos y fríos en todo.

Sin embargo de tan general veleidad, se ve de cuando en cuando que la naturaleza produce algunos hombres de fibra tan vigorosa, de complexión tan viva, y cabeza tan bien organizada, que haciendo frente a la corrupción universal, a fuerza de estudio y de fatigas increíbles, procuran ilustrar sus profesiones, y restituirlas a su antiguo y verdadero esplendor. La mayor parte de sus contemporáneos suele pagarles con la nota de extravagancia, otros con la envidia, y los que más presumen de entendidos, con fría y estéril admiración.

Don Antonio Rafael Mengs había venido al mundo para restablecer las Artes. A ser admisible la transmigración de las almas, se podía creer que alguna de la floreciente Grecia se había transfundido a su cuerpo: tal era la profundidad de sus ideas, la elevación de sus invenciones, y la simplicidad y candidez de sus costumbres. Víctima de su aplicación, nos ha sido arrebatado de esta vida, llorado de todos los desapasionados, y bien envidiado de aquellos a quienes ofendía su mérito.

Una amistad la más pura y tierna exige de mí las más sinceras lágrimas, y el triste y piadoso oficio de esparcir algunas flores sobre su sepulcro. La costumbre del tiempo me daría por desempeñado con semejante demostración; pero la imagen de mi difunto amigo me advierte, que no me satisfaga con flores y lágrimas infructuosas, y que intente cumplir sus deseos procurando sea útil su memoria. Dejaré pues que otros, haciendo alarde de ingenio, cuenten con elegante estilo las particularidades y dichos del hombre; y me contentaré con dar a conocer el artífice y sus obras.

Los ascendientes de Mengs eran de la Lusacia. Su abuelo se fue a establecer en Hamburgo, y después pasó a Copenhague, donde nació su padre el año 1690. Siendo este el vigésimo segundo de sus hermanos varones, no sabían que nombre ponerle, y se les ofreció tomar la Biblia, y escoger el primero que se presentase, que fue el de Ismael. Fue su padrino un Pintor adocenado; pero esto bastó para aplicar el muchacho a la Pintura. De esta mala escuela pasó a la de Mr. Cofré, Francés, que era lo mejor que había en aquella corte; y aprovechándose de algunos cuadros de Van Dijck que tenía un amigo, adquirió, copiándolos, un buen colorido, que conservó toda su vida. Tenía su maestro una sobrina, de quien se enamoró; pero no pudiendo la melindrosa doncella sufrir el olor de los aceites, muestro Ismael, por agradarla, se aplicó a miniar; en cuyo ejercicio adelantó tanto en breve tiempo, que se hizo excelente, y se casó con su querida. Por causa de un contagio salió de su patria, y fue girando por varias cortes de Alemania, donde aprendió el arte difícil de pintar de esmalte, en que se hizo famoso.

De este matrimonio nació nuestro Mengs en Ausig, cuidad de Bohemia, a 12 de marzo de 1728, y le pusieron por nombres en el bautismo Antonio Rafael, en memoria de los dos grandes Pintores Rafael, y Antonio Alegri de Correggio, de quienes su padre era apasionadísimo. Destinado a la Pintura desde las mantillas, no le daban otros juguetes que las cosas relativas a esta profesión, como lapiceros, lápiz y papel; y antes de cumplir seis años ya le pusieron al estudio del diseño.

Los primeros principios en que le ejercitó su padre fueron las más simples líneas rectas, como la vertical, horizontal, y oblicuas, hasta que tomó tal práctica, que las ejecutaba bastante derechas. Con la misma prolijidad le hizo pasar después a las figuras geométricas más simples, siempre sin regla m compás, para acostumbrar su vista a la exactitud.

Luego entró a dibujar los contornos de las partes del hombre, y se le obligaba a reducirlas lo más que podía a figuras geométricas, para después quitar, o poner con razón, hasta darles la gracia necesaria. De aquí pasó a sombrear: y hallo en las Memorias que me ha dejado escritas de su puño, de donde tomo todas estas particularidades, que costó mucha dificultad a Ismael contener la vivacidad del hijo, que no se quería sujetar a cierta limpieza y *pulicia*; a cuyo fin le obligó a dibujar con tinta de China, la cual no le dejaba el arbitrio de borrar.

En estos estudios pasó dos años, y después le pusieron a pintar al óleo; pero viendo su padre el talento grande que descubría, quiso fundarle más en los principios, y le hizo volver al dibujo con mayor atención y prolijidad: y al mismo tiempo le enseñó la Química, en que era de los más entendidos de Europa, y a pintar en esmalte y miniatura. Esto no interrumpía el ejercicio del diseño; pues no pasaba día que no contornase dos figuras enteras de las mejores estampas de Rafael o Carracci: y por no desperdiciar las horas, estudió entonces mismo la Perspectiva, y las partes más necesarias de la Anatomía; bien que en Dresde, donde entonces se hallaba, no tuvo proporción para estudiar esta ciencia en los cadáveres, y se contentó con lo que pudo aprender en los libros, y en los huesos secos de los esqueletos.

Después de estos estudios empezó a dibujar las figuras antiguas por partes, del mismo tamaño de los originales, según las había llevado su padre de Roma: y por las noches con luz artificial copiaba modelitos de las mismas estatuas. Con este ejercicio ponía en práctica lo que había aprendido de Perspectiva y Anatomía, notando los escorzos y diminución de los miembros, y como los músculos en acción variaban sus formas. También se acostumbraba a los efectos de la luz, a su degradación, sombras y reflejos; por qué se distinguen mejor con la luz artificial, que no con la del día: y por este medio, y repitiendo las mismas operaciones de día, comprendió mejor la fuerza del claroscuro. Así empleó su tiempo hasta la edad de doce años.

Conociendo entonces su Padre que ya empezaba a estudiar con reflexión, y que era tiempo de formar en él aquello que fuera de Italia no se aprende, esto es, el buen gusto, resolvió conducirle a Roma, como efectivamente lo hizo el año de 41. Quedó atónito el joven Mengs a vista de tantas bellas cosas como ofrece esta capital de las Artes, y quería abrazarlas todas; pero su padre le contuvo, haciéndole estudiar solamente las más perfectas, bien que las más difíciles, como el Laocoonte, el Torso o Tronco de Belvedere, y las obras de Miguel Ángel en la Capilla Sixtina. Después de haberle hecho dibujar estas cosas en diferentes puntos, le hizo estudiar en las Estancias o Salas de Rafael las más bellas cabezas, y algunas figuras vestidas, para tomar aquel gusto de pliegues, en que Rafael es tan excelente.

Era Ismael Pintor del Rey de Polonia Augusto III, y quería enviarle alguna muestra de la habilidad de su hijo, para lo cual le hizo copiar en miniatura dos cuadros de Rafael que había en el Noviciado y Casa profesa que eran de los Jesuitas. Al mismo tiempo quería enviar un cuadro de esmalte bastante grande en aquel género, y mandó a su hijo le hiciese un dibujo de su Invención. Pintóle Ismael a esmalte hasta cierto término: después mandó al hijo le diese la última mano: y salió la obra más singular que tal vez se ha hecho en su clase; pues Ismael era el mejor esmaltista que se ha conocido, y aun hoy se tienen sus obras por inestimables por su bello colorido y práctica del Arte. Solo le faltaba haber tenido en su juventud mejor escuela de diseño; y por eso, conociéndolo él, procuraba que el hijo estudiase tanto esta parte.

Hemos visto hasta aquí que Ismael dirigía los estudios de su hijo: y cómo la educación que le dio contribuyó tanto a sus progresos en el Arte, y a su conducta en la vida civil, es forzoso decir algo de su carácter. Hombre tan duro para con sus hijos no se ha conocido. Exigía de ellos un trabajo ímprobo, sin darles jamás la menor recreación. Eran ya grandes, y no habían tratado, ni aun casi hablado con persona alguna del mundo, fuera de su familia; y muchos de los que trataba Ismael frecuentemente ignoraban que tuviese hijos. Su pasión a la música pudo solamente vencerle a admitir en su casa a un cierto Sr. Anibal, que por una rara combinación, como veremos, hizo conocer al Rey el mérito del Joven Mengs. Cuando salía de casa dejaba cerrados a sus hijos; y a su vuelta se seguía una rigurosa residencia de la tarea que les había señalado al tiempo de salir. Sus reprensiones eran, más que de padre, de amo severo; y en suma era un verdadero tirano en su casa. En Roma tenia igual método. Conducía a nuestro Antonio al Vaticano: le mandaba lo que había de hacer aquel día: y con un frasco de agua, y un pan le dejaba allí hasta las oraciones, que volvía para conducirle a casa, y hacerle dar razón de su estudio. Ya se supone que la cuenta era bien rigurosa.

Este modo de estudiar hizo tan reflexivo al joven, que podía formar la historia de todos los pensamientos de Rafael. Yo logré varias veces el gusto de oírle explicar delante de las pinturas de las Estancias las ideas que tuvo Rafael haciéndolas. Por el modo con que una parte está pintada demostraba que por aquella había empezado, pues conserva su primera manera. En la siguiente, ejecutada ya de otro modo, manifestaba la reflexión que forzosamente debió hacer aquel artífice para haber mudado. Notaba las enmiendas, y de ellas sacaba las razones. De suerte que acabando de recorrer así el cuadro, se hallaba la serie de cuantas ideas habían pasado por la cabeza de Rafael ejecutando aquella obra: y esto lo explicaba con razones y observaciones tan claras y evidentes, que el entendimiento se rendía a ellas, como a demostraciones geométricas.

Esta educación, tan favorable para el arte, lo fue muy poco a la persona de Antonio, pues fomentó en él una habitual timidez, que los que no la conocían tomaban por rusticidad: una grande ignorancia del trato del mundo, que le hacía faltar muchas veces a la política: unos modales atados, que parecían desconfianza: y en fin un abandono de interés, que ha sido causa de su infelicidad mientras vivió, y de la de su familia.

Después de tres años que estudió del modo sobredicho en Roma, volvió a Dresde, donde se aplicó a pintar a pastel, e hizo su propio retrato de dos maneras, y el de dicho Sr. Anibal. Por medio de éste le conoció el Rey de Polonia; pero dudándose que un muchacho de tan poca edad fuese capaz de hacer tales cosas, ordenó aquel Soberano que en presencia de una Pintora Italiana, discípula de la célebre Rosalva Cariera, hiciese el retrato de su marido: y habiéndose asegurado el Rey de su habilidad, le mandó hacer su propio retrato. En él juntó Mengs la más perfecta semejanza, con la expresión de la bondad y nobleza que caracterizaban a aquel Monarca, de quien experimentó desde entonces la mayor estimación y clemencia. Aquel año, que fue el de 45, se vio el Rey precisado a pasar a Polonia por causa de la guerra; y habiendo vuelto a Dresde cuando se hizo la paz, quiso tener los retratos de toda la familia de Mengs, y mandó a Antonio ejecutar el de su padre; y a su hermana mayor, que también pintaba con excelencia, el de Antonio: todos los cuales hizo poner en su gabinete de pasteles. Antonio fue nombrado Pintor de cámara con 600 talares de sueldo, y con alojamiento, sin obligación alguna más que hacer con preferencia las obras que se le pidiesen, las cuales se le pagarían al precio que él señalase.

No quiso Antonio aceptar esta fortuna, si no se le daba permiso para volver a Roma: pretensión que escandalizó al Conde de Brull, Ministro el más poderoso con su amo;

pero éste, lejos de ofenderse, alabó la idea del Pintor, y le dio su licencia con infinita afabilidad.

Volvió, pues, a Roma con su padre y dos hermanas, y tomaron casa junto al Vaticano, para mayor comodidad de proseguir los antiguos estudios, dibujando pinturas y estatuas, y practicando Academias, y las lecciones de Anatomía en el hospital de Sancti-Spiritus. Hizo al mismo tiempo algunas miniaturas para complacer a su padre; y en estos ejercicios empleó cuatro años. Al fin de ellos se aplicó a la composición, y pintó un cuadro de una Sacra Familia, que fue muy aplaudido, y le dio a conocer en Roma, mereciendo que le fuesen a ver los primeros personajes de la ciudad. Estos se empeñaron en que fijase aquí su residencia, ofreciendo obtener el permiso de su amo, y además asegurarle cierto número de obras: proposición que era muy del gusto de Mengs, porque le proporcionaba poder continuar sus estudios a la vista de tantas maravillas del Arte como hay en Roma; pero su padre pensó que le sería más útil llevarle a establecer en Sajonia, como lo efectuó. Antes de partir se casó con una doncella muy hermosa y honesta, llamada Margarita Guazzi, que había conocido con motivo de buscar un modelo para la cabeza de la Virgen del referido cuadro.

Aumentada así la familia, partió de Roma a fines del año de 49, y llegó a Dresde por navidad. La estación rígida en aquel clima frío, y varios disgustos domésticos causaron grande melancolía a nuestro Mengs. Su padre, por último acto de despotismo, se apropió todo cuanto había dentro de casa, y hasta los sueldos devengados por su hijo, de suerte que le arrojó a la calle sin muebles, y sin dinero. Algunos amigos, y particularmente el buen Sr. Anibal, le ayudaron con humanidad: y sobre todo el Rey, y su hijo el Príncipe Electoral le consolaron, y mandaron dar casa cómoda y coche. Pidió además el título de primer Pintor de la corte: y Su Majestad se lo concedió con gusto, en lugar de Mr. Silvestre que se retiraba a París, y le aumentó su pensión hasta mil talares, sin obligación "alguna. Desde aquel día fueron infinitos los favores y honras que aquel Soberano y toda su Real Familia hicieron a Mengs: y yo puedo asegurar, en prueba de su buen corazón, que no se acordaba vez (y se acordaba muchas) de aquellos Señores, que no se enterneciese de gratitud.

Había el Rey Augusto hecho fabricar una Iglesia bastante grande en su palacio, que se consagró el año de 51, y quiso que Mengs pintase el cuadro del Altar mayor, y otros dos laterales. Pintó estos últimos en Dresde; y para hacer el otro pidió licencia de venir a Roma, tanto por motivo de recobrar su salud, que había padecido mucho en aquel clima, como por hacer una obra más perfecta en el país de las bellas Artes. Su Majestad que sabía lo que vale esta diferencia de países, y que estaba instruido en la historia de los Pintores, y de las ventajas que hallan en Italia para perfeccionar sus obras, le concedió la licencia que pedía.

En la primavera del 52 llegó Mengs a Roma con su mujer y una hija nacida en Dresde, la cual es hoy mujer de D. Manuel Salvador Carmona, Grabador célebre en Madrid. El aire de Roma restableció la salud de Mengs: y la satisfacción de verse en el centro de las Artes recreó su ánimo para trabajar con más empeño. La primera obra que se le ofreció fue una copia del gran cuadro de Rafael, llamado la Escuela de Atenas, para Milord Northumberland, cuyo encargo aceptó solamente por tener ocasión de estudiar más y más aquel gran maestro; y confesaba después, que entonces conoció cuan imperfectamente había entendido a Rafael en sus primeros años.

Acabada esta copia puso manos al gran cuadro de Dresde con el mayor empeño y gusto; y teniéndolo ya muy adelantado sobrevino la guerra entre la Emperatriz Reina, y el Rey de Prusia, que ocasionó la invasión de la Sajonia, y fuga del Rey de sus Estados, a que se siguió la interrupción de pagas. Reducido Mengs a la mayor estrechez, le fue preciso trabajar las obras que se le presentaban para particulares, a fin de mantener su familia, que cada año iba creciendo. Pensó que le convenía hacerse conocer más del público con alguna obra que estuviese a la vista de todos: y por eso abrazó la ocasión de un cuadro a fresco que los Padres Celestinos querían se hiciese en la bóveda de su Iglesia de San Eusebio. El P. Abad del Giudice, que deseaba que sus Religiosos no buscasen algún Pintor correspondiente al poquísimo dinero que querían gastar, fue a Mengs, y le propuso si lo quería hacer pero diciéndole claramente lo poco que podía pagarle, y que debía hacer cuenta con trabajar de limosna, pues solo podía hacer los gastos de andamios y albañiles, y regalarle 200 pesos. Sin embargo de tan inicuas condiciones, aceptó la empresa con deseo de hacerse conocer, y de ejercitarse en un género de pintura en que nadie se empleaba entonces en Roma; pues D. Corrado Giaquinto había pasado a Madrid. Acabada esta obra, mereció aplauso general, teniéndose antes por imposible que se pudiesen hacer semejantes tintas a fresco; y aunque la composición no era del gusto de los Pintores de las últimas escuelas, no pudiendo condenarla por defecto esencial, fue celebrada aún más allá de lo que su mismo autor esperaba.

Cuando partió de Dresde le había dado el Rey orden de pasar a Nápoles para hacer los retratos de toda aquella Familia Real, prohibiéndole pedir precio por ellos. Esto iba bien cuando las pagas de su corte estaban corrientes; pero habiéndose interrumpido por la razón arriba dicha, sin esperanza de que se restableciesen, era forzoso pensar de otra manera. El Duque de Cerisano, Ministro de aquella corte en Roma, le instaba para que fuese a hacer dichos retratos, pidiendo lo que quisiese; y Mengs le entregó una razón de los precios a que se le pagaban sus obras en Sajonia, protestando no obstante con la orden que tenía de su amo. La respuesta que se le dio fue, que la Reina había dicho que era demasiado precio para retratos, y que no era necesario que él los hiciese. Este fue uno de los muchos tiros que la envidia de los artífices cortesanos puso en obra contra Mengs, el cual por su carácter honrado y sencillo era incapaz de conocerlos, ni de repararlos. En consecuencia de esto sucedió, que habiéndole el Rey de Nápoles encargado hiciese un cuadro para su Capilla de Caserta, adelantándole 300 cequines por la mitad del precio, se halló con una carta del Arquitecto principal de S. M. en que le decía, que podía irse despacio en su cuadro, porque en muchos años no se necesitaría de él. Pocos días después volvió de Nápoles el Conde de Lagnasco, Ministro de Polonia en Roma, y aseguró a Mengs, que la Reina estaba muy enojada con él, por no haber querido ira hacer los retratos, ofreciéndole lo que había pedido; y que no queriendo tampoco acabar el cuadro de Caserta, había sido preciso encargar los demás a otros Pintores. Esto manifestó a Mengs el manejo secreto de la emulación, y como se abusa de la autoridad más respetable.

Para desmentir esta calumnia concluyó presto Mengs su cuadro, y le llevó a presentar al Rey al tiempo que estaba para partir a España a tomar posesión de aquellos Reinos por muerte de su hermano el Señor Fernando VI. Le recibió S.M. con suma benignidad, y le dio al partir la comisión de hacer el retrato del hijo que dejaba Rey en Nápoles; pero también para esto tuvo sus dificultades; y aun le hicieron entender que haría bien en irse de allí.

Vuelto a Roma emprendió pintar la bóveda de la galería de la villa del Cardenal Alejandro. Alban, donde representó a Apolo, con la Memoria, y sus hijas las Musas. En esta obra se aprovechó mucho de las observaciones que hizo en las pinturas antiguas de Herculano, que: había visto en el Museo de Pórtici. Figuró un cuadro puesto en el techo, conociendo ser grande error el hacer estas obras con el punto *de abajo arriba*, según el estilo moderno, pues así no se pueden evitar los escorzos desagradables, que siempre esconden la hermosura de las figuras; pero por no chocar enteramente la moda, pintó los dos cuadros de los lados, donde no cabía más que una figura en cada uno, escorzados al gusto moderno. Al mismo tiempo hizo varios cuadros a óleo para particulares: una Cleopatra suplicante a los pies de César: una Nuestra Señora con el Niño, San Juan y San José: y otras tres medias figuras que fueron a Inglaterra; como también una Magdalena de cuerpo entero para el Príncipe de S. Gervasi de Nápoles.

De este modo pensaba permanecer establecido en Roma, cuando Carlos III, que en un solo momento había penetrado en Nápoles el mérito de Mengs, le convidó a pasar a España a su servicio, por medio del Sr. D. Manuel de Roda, entonces su Ministro en Roma, ofreciéndole dos mil doblones de sueldo, casa, coche, y todos los gastos de pintura: y en caso de aceptar, le proporcionaba la ocasión de dos navíos de guerra, que de Nápoles debían volver a España.

En ellos se embarcó Mengs con su familia, y llegó a Alicante felizmente el 7 de septiembre del 61.

Llegado a la corte, fue recibido del Rey con tanta bondad, que él mismo quedó pasmado: y S. M. se la continuó siempre, a despecho de la envidia, y de muchas extrañezas del mismo Mengs. Tenía el Rey a su servicio cuando este llegó a Madrid a D. Corrado Giaquinto, el mejor Pintor a fresco que se conocía en la escuela Napolitana, y a D. Juan Bautista Tiépolo, el mayor de la Veneciana. Sin embargo de eso, luego que Mengs hizo ver su primera obra, no obstante que en nada se parecía a las de aquellos, toda la Nación le aclamó por el gran Pintor que era. La emulación misma debió fingir el aplauso, para poder con más seguridad y recato aprovechar su veneno.

El número de las obras que Mengs hizo a fresco y al óleo en España es increíble, atendido el tiempo y poca salud que tuvo. Daré a continuación de estas Memorias una noticia de todas ellas, contentándome ahora con apuntar las principales. Comenzó por la pintura de una bóveda de la cámara del Rey, donde representó la Corte de los Dioses, en que hizo ver la expresión más sublime, la corrección más pura, y las tintas más suaves a fresco que haya conocido ningún otro Pintor del mundo. Los ignorantes, al mismo tiempo que se quedan encantados de esta pintura, hallan fría su composición; porque están hechos a juzgar solamente por los ojos, y a usar poco o nada del entendimiento. Aquel reposo de las figuras, y aquel carácter de divinidad, que oculta todas las cualidades y necesidades humanas, no puede mover a los que están hechos al estrépito y gresca de Jordán [Luca Giordano], y a las estropeaduras de Corrado [Giaquinto].

En una sala destinada para la Reina pintó después la Aurora con el mismo estilo: y parece que las Gracias, en premio de haberlas pintado tan hermosas en la primera bóveda, le guiaron la mano para representar la esposa de Titón. En las cuatro fachadas pintó las cuatro estaciones del año con alusiones tan bellas, que la imaginación no puede concebir cosa más allá.

En el apartamento de la Princesa hizo cuatro cuadros de las cuatro partes del día con la misma belleza y gracia que caracterizan todas sus demás obras. Todo ríe en aquella cámara destinada a una Señora que es la alegría y consuelo de la nación. En el Altar del Oratorio privado de S. M. pintó a fresco un Nacimiento en el corto tiempo de ocho días: y allí manifestó cuan dueño era de su arte, pues supo ejecutar con la prisa de Jordan las bellezas corregidas de Rafael.

Por aquel tiempo pintó asimismo diferentes cuadros al óleo para el Rey y demás Personas Reales; y S. M. cuyo gusto delicado en las artes no se desmiente jamás, le encargó todos los cuadros que adornan la cámara donde duerme, hasta las sobrepuertas. Entre ellos haré ahora solamente mención de la pintura del Descendimiento, por ser la obra más singular que han visto los hombres. Cada Pintor regularmente ha sobresalido en una parte, que ha dado carácter a sus obras: Apeles en la gracia, Arístides y Rafael en la expresión, Correggio en el claroscuro, Ticiano en el colorido &c.; pero el juntar todas estas cosas, y producir iguales bellezas en el género gracioso, en el robusto, en el natural, y en el alterado, y conducirlas todas con la misma filosofía, estaba reservado a solo Mengs. Quien vea sus cuadros graciosos no creerá que la misma mano haya podido pintar éste. Todo él respira dolor y tristeza. El tono general de color se parece al modo Dórico de la Música y de la Arquitectura. Cada figura muestra aquel grado de dolor que corresponde a su carácter. En el Cristo muerto se ve un cadáver que ha padecido infinito; pero en medio de eso se distingue que fue un cuerpo perfecto, y de una belleza divina. No le desfiguró con llagas y sangre, como otros Pintores de fama, que pusieron todo su estudio en estropear y hacer más horroroso un muerto: gente ignorante, que trabaja para los sentidos materiales de otros ignorantes como ellos. Mengs era filósofo, y pintaba para los filósofos. La Virgen en pie, y con la vista fija en el cielo, parece que ofrece al Padre el sacrificio del mayor dolor que la humanidad puede sufrir. La postura estática e inmóvil, los brazos abiertos y caídos, los músculos de la cara sin movimiento, y en fin su manto azul, con la túnica de un color caído contrapuesto a la palidez del rostro, forman una expresión que no se puede mirar sin enternecerse. En la Magdalena ya el dolor es más humano, y se ocupa en el cuidado del cadáver. Una gran cantidad de lágrimas, que derraman sus hermosos ojos, dan indicio de la ternura de su corazón. San Juan, con los músculos de la frente hinchados, y con los ojos preñados de sangre, en vez de lágrimas, da a entender la intensión de lo que padece un joven robusto, que no puede prorrumpir en llanto. Un criado, que llevando un vaso de aromas para el sepulcro, se detiene a contemplar este espectáculo, exprime aquella estúpida situación propia de quien padece maquinalmente, y sin interés: las otras figuras accesorias muestran aquella pena que también deben sentir con la propia materialidad. En fin lo que hay del país, y del lugar de la pasión, está solamente señalado, para no divertir la vista de la acción principal; y todo muestra el horror de la escena en que padeció el Señor del universo. Este cuadro se debe llamar el cuadro de la filosofía; y con más verdad que de las pinturas de la ruina de Troya en el templo de Juno Cartaginesa se podría decir: *Sunt lacryme rerum, & mentem mortalia tangunt.* [Hay lágrimas en las cosas y tocan a lo humano del alma].

Ocupado Mengs en adornar el Palacio de su amo, quiso también hacerse útil formando en España una escuela de las Artes, y propuso a la Academia, de la cual le habían hecho miembro, varios reglamentos según sus ideas. Estos fueron abrazados; pero al ponerlos en práctica halló que la vanidad y la pasión supieron tender tales redes a su incauto e inocente genio, que no solo no se hizo, sí no que se logró disgustarle de sus proyectos, y aun rebajar su reputación. Corramos un velo sobre esta escena, y olvidémosla por honor de la humanidad.

La melancolía, la ninguna diversión, y el desatinado método de trabajar arruinaron del todo la salud de Mengs. Antes del alba se ponía a pintar a fresco; y sin intermisión, ni para comer, seguía hasta la noche. Entonces, tomando muy poco alimento, se entregaba en su casa a un nuevo trabajo de diseñar y preparar sus cartones para el día siguiente. Había enviado a Roma su familia, y así se veía privado del único consuelo y desahogo que su ánimo podía tener. Agravóse su enfermedad, perdido el estómago, y con una consunción tal, que nadie creyó pudiese evitar la muerte. Viéndole así el Rey, le concedió licencia para venirse a Roma; pero no pudiendo llevar la fatiga del viaje, le fue forzoso detenerse en Mónaco: donde la habilidad de un Médico, y la bondad del aire le dieron fuerzas para continuar el camino. Llegado aquí, comenzó a dilatársele el espíritu, y se recuperó bastante. Pintó un cuadro de Cristo y la Magdalena en la situación del *noli me tangere*: y después emprendió otro mucho mayor para el Rey, que representa el Nacimiento. Su intención fue luchar con Correggio en su famosa *Noche*. La posteridad juzgará si luchó bien, y si venció. Como en el cuadro del Descendimiento toda la escena

representa el dolor más sublime, al contrario en este exprime la belleza más risueña que los sentidos y la razón pueden gozar. No se ve otra luz que la que despide el Niño
Dios; y todo está iluminado de forma que la vista parece se
pasea por detrás de las figuras. Sus carnes son tan verdaderas, que aunque Ticiano hubiera sido capaz de hacerlas
iguales, no las habría seguramente sabido escoger con
aquella propiedad que Mengs las escogió. La Virgen no es
una hermosa aldeana o paisana, como las que para semejantes casos escogía Rafael; que nunca se elevó sobre lo más
hermoso que hallaba en la naturaleza. Mengs supo figurar
una belleza heroica, y media entre la divinidad y la humanidad. Entre los pastores y acompañamiento está su retrato. Hizo también para el Rey dos cuadros pequeños de San
Juan y la Magdalena, que ha grabado su yerno Carmona.

Por este tiempo le propusieron de parte del Papa
Clemente XIV que pintase alguna cosa en el Vaticano: y
como esto lo deseaba infinito por dejar alguna memoria en
aquel emporio de las artes, aceptó la proposición, pero con
la protesta de que no se le hablase de paga. Emprendió,
pues, la pintura de la cámara del Museo que se destinaba
para custodia de los fragmentos de Papiros antiguos. En el
cuadro de en medio de la bóveda representó el mismo
Museo, y en él la Historia, que sobre el Tiempo enojado
escribe sus memorias. Jano enfrente: y a su lado un genio*

*Por Genios entiendo aquellas figuras de muchachos que usan la en acto de llevar al Museo algunos rollos de Papiros. La Fama volando anuncia al mundo el Museo; y sin ser tan horrenda como la hermana de Encélado, se conoce no obstante que es *pedibus celerem & pernicibus alis*. La composición de este cuadro, su colorido, tanto o más brillante y suave que si fuese al óleo; la magia de su claroscuro, la expresión de cuanto hay en él, y una cierta armonía y reposo que halla la vista, y la detiene, hacen esta pintura el primer fresco del mundo, sin alguna exageración. En las dos sobrepuertas representó a Moisés y a San Pedro sentados en nichos acompañados de genios. En la fisionomía del primero se ve la autoridad del Legislador confidente de Dios; y en la del segundo la Fe, que no examina. Pintó este último a temple, por no dañar con la cal del fresco las doraduras que entretanto se habían hecho en los adornos. Los cuatro genios que acompañan los nichos son de una belleza ideal tan sublime, que los ojos no se cansan de mirarlos, ni el entendimiento de admirarlos. Los adornos de este prodigioso gabinete están hechos por sus diseños y dirección, y aluden a las artes Egipcias, por ser los Papiros manufactura de aquel país. Los mármoles y bronces, y la arquitectura de todo tienen la misma alusión; y no hay otra cosa sino el pavimento que no se haya ejecutado con diseño de Mengs.

Escultura y la Pintura para acompañar sus composiciones. Vienen del Gentilismo, en el cual significaban ciertos espíritus, o semidioses que producían y conservaban las cosas, y cada una tenía el suyo.

Cuando hacía esta obra había cerca de tres años que Mengs estaba en Italia muy recobrado de salud, y por consiguiente sin buena razón para detenerse tanto, y sin dar cuenta al Rey; que sin embargo le continuaba sus pagas, como si le estuviese sirviendo en Madrid. Había además emprendido la obra de los Papiros sin licencia, y sin noticia suya. Otro amo que Carlos III se habría cansado de este abuso de bondad; pero lo inagotable de su paciencia se contentó con hacerme preguntar reservadamente las razones que detenían a Mengs en Italia. Yo dije a S. M. la verdad, excusando a Mengs con su pasión por las Artes de Roma: la ternura por su familia, de la cual no tenía valor para separarse: el amor de la gloria, tan propio y excusable en un artífice de su mérito, en dejar una memoria al lado de la de Rafael: y en fin hice valer su delicadeza en no haber querido admitir paga de otro Soberano quien servía al Rey, de España; prometiendo al mismo tiempo que yo haría de modo que partiese presto para Madrid.

A la insinuación indirecta que le hice se turbó, y tomó la resolución precipitada de dejar incompleta la obra de los Papiros y partir inmediatamente. Ninguna reflexión fue capaz de detenerle, y se fue a Nápoles para hacer los retratos de aquellos Soberanos que tenía prometidos a su Augusto Padre. En vez de despachar dichos retratos según la prisa con que había partido de Roma, se detuvo en Nápoles todo el invierno, y volvió con solas las cabezas pintadas. Llegado aquí, no pudo, resistir a la tentación de acabar lo que le faltaba de la cámara de los Papiros; y entonces fue cuando pinto el San Pedro de que hemos hablado.

En fin arrancó de Roma para ir a España con toda su familia, a excepción de sus cinco hijas que dejaba en un convento al cuidado de su cuñado Mr. Marron. Cuatro meses después, pasando yo por Florencia para ir a Parma, me le hallé allí detenido de su regular irresolución; y a mi vuelta dos meses después sucedió lo mismo. Entonces hizo mi retrato en el poco tiempo que me detuve en Florencia; y su amistad le empeñó en hacer una maravilla del arte. Vuelto yo a Roma, y debiendo partir para España cinco meses después, le volví a hallar en Florencia; pero pude determinarle a que finalmente partiese. Dejó en aquella Corte dos cuadros, uno para la Señora Infanta Gran Duquesa, y otro para el Gran Duque, a quienes en varias ocasiones, retrató, con toda su familia. El primero representa la Virgen con el Niño, San Juan y dos Ángeles a los lados, todas un poco más de medias figuras. La belleza de esta pintura encanta a los inteligentes, y a los que no lo son. Todo es ideal en ella: la naturaleza no ofrece objetos tan hermosos. El otro cuadro es del sueño de San José. Parece imposible expresar mejor los efectos del sueño; y al mismo tiempo se conoce, que es un hombre que se ha dormido agitado de cuidados. En esta ocasión pintó su retrato, y le colocó en la galería de Florencia en la serie de los Pintores ilustres que tienen allí los suyos de propia mano de cada uno. Y antes de partir de aquella ciudad acabó el retrato del Cardenal de Zelada, que había empezado en Roma, e hizo otras obras menores.

En estos años que Mengs se detuvo en Italia mudó, o por mejor decir, mejoró en mucho su *manera.* *

Quien coteje sus obras anteriores con las que pintó después hallará esta diferencia. El estudio más maduro que hizo del antiguo, y sobre todo, lo que meditó a vista de las pinturas de Herculano, le manifestaron la verdadera fuente de la belleza, y los caminos por donde los Griegos la encontraron. En sus primeras obras, no obstante, su corrección, su colorido, y su poesía, se ve algunas veces el estudio y la lima. En las últimas todo es facilidad, todo gracia: parece que están hechas con la misma fuerza insensible y oculta con que hace las suyas la naturaleza. Su claroscuro tiene también más fuerza, y los efectos de la reflexión de la luz y perspectiva aérea hacen una ilusión tal, que los ojos gustan un oculto deleite, que no hallarán en ningún otro Pintor.

* *Manera* en pintura se toma en bueno y en mal sentido. Por el primero se entiende lo mismo que estilo; y así decimos, por ejemplo, que Rafael tuvo tres maneras. Por el segundo entendemos aquella práctica que toman los malos Pintores de copiarse a sí mismos, y repetirse, apartándose de la verdad; de suerte que todo lo hacen con unas mismas formas, y de un modo solo. Decir de un Pintor que es *amanerado* es lo peor que se puede decir de él. Jordan, Solimena, Corrado, y toda su escuela son modelos de amanerados.

Con este estilo pintó en Madrid el gran Salón donde come el Rey: obra que ella sola daría reputación a muchos Pintores. Sobre la mesa de S. M. figuró la apoteosis de Trajano, Príncipe Español el más bueno de cuantos ocuparon el trono de los Césares, y modelo del Trajano que hoy rige la España. Enfrente está el templo de la Gloria, adonde le conducen todas las Virtudes, enlazando la composición. De esta pintura, y de todas las demás que Mengs dejó en España, daremos noticia separadamente.

En el Teatro del Palacio de Aranjuez pintó la bóveda, y en medio de ella el Tiempo enojado, que arrebata al Placer, de cuya cabeza se caen las flores que la coronan. Esta figura es de las más graciosas que compuso Mengs; y en su expresión se ve la injuria del tiempo, y la lección de aprovecharse de él. Lo demás de la bóveda está acompañado de Cariátides a claroscuro, que serán un monumento y escuela del dibujo de aquel grande hombre.

Parece imposible que en poco más de dos años que esta vez estuvo Mengs en Madrid hubiese podido pintar tantas cosas como pintó; pero la dificultad cesa cuando se considera la aplicación y trabajo ímprobo de un hombre que en toda su vida no se distrajo a otra cosa que a pintar y estudiar.

Estas tareas acabaron de postrar su salud, y movieron el ánimo del Rey a condescender con sus deseos de retirarse a Roma, centro de su anhelo. S. M. le trató con la generosi-

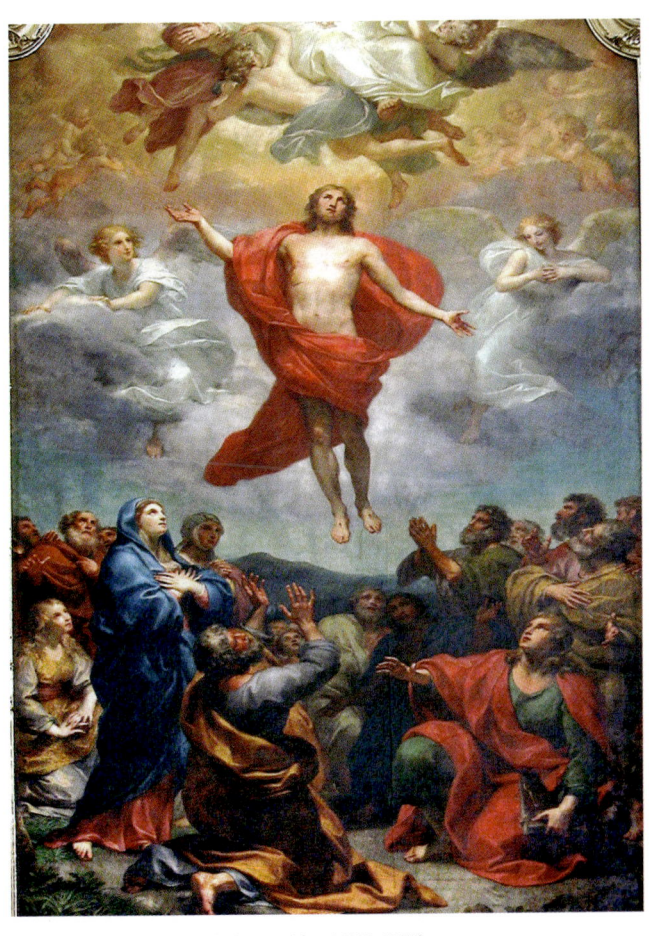

Ascensión, 1750-1752
Catedral de Dresde

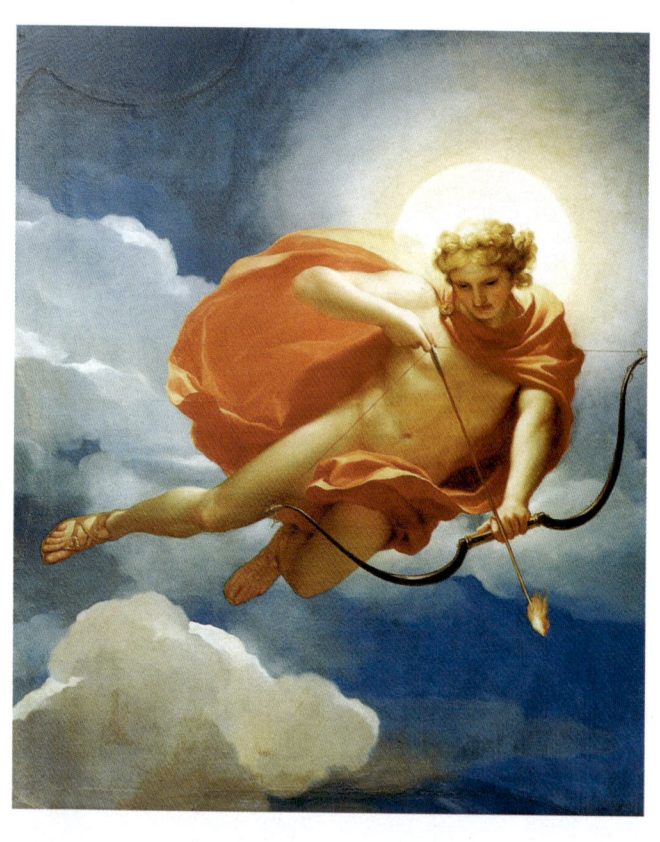

El Mediodía o Helios, ca. 1765
Galería de las Colecciones Reales, Madrid

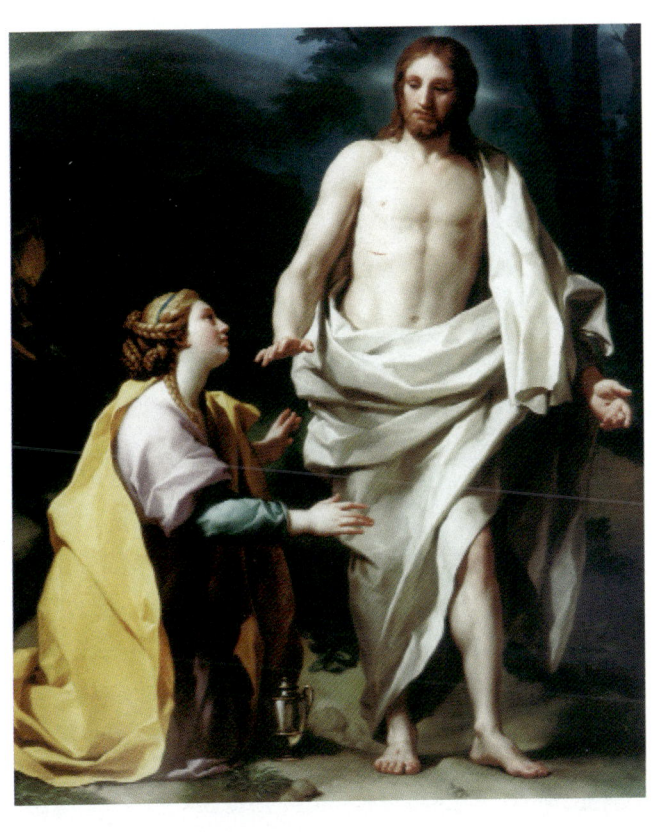

Noli me tangere (detalle), 1769
Palacio Real, Madrid

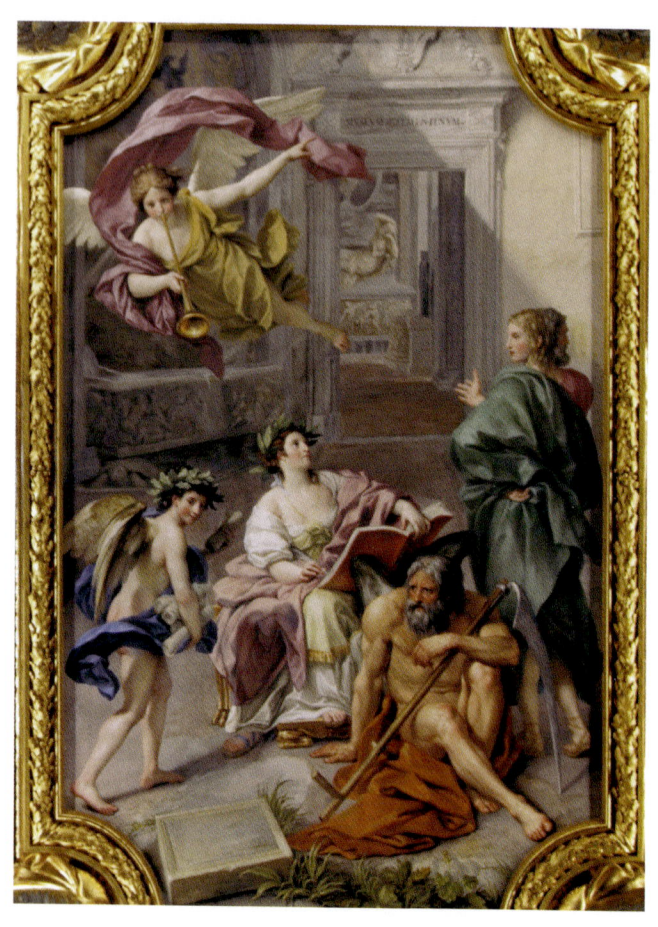

Triunfo de la Historia sobre el Tiempo, 1772
Sala de los papiros, Museos Vaticanos

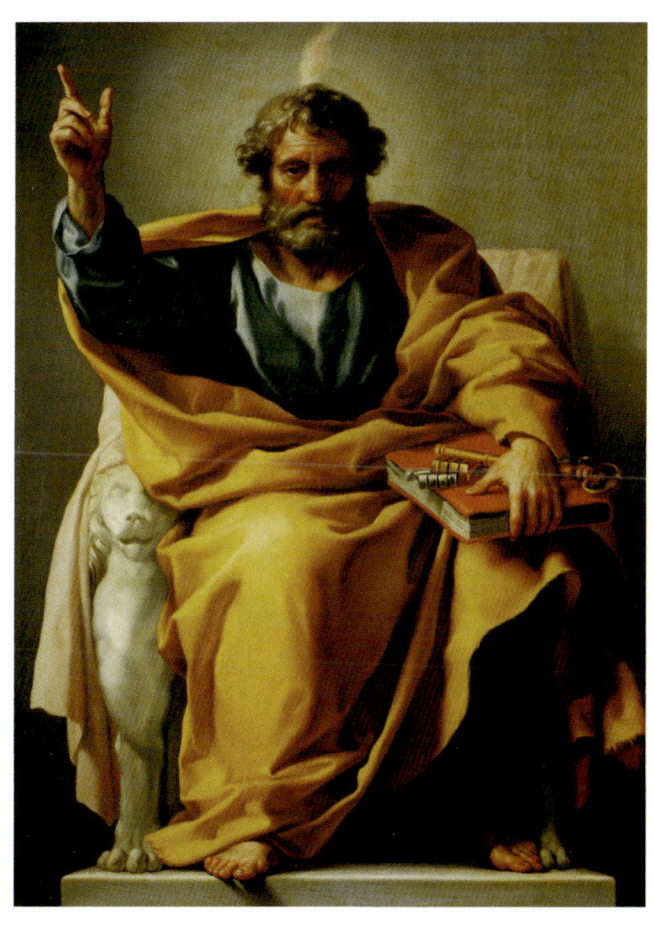

Pedro Apóstol, ca. 1775
Kunsthistorisches Museum, Viena

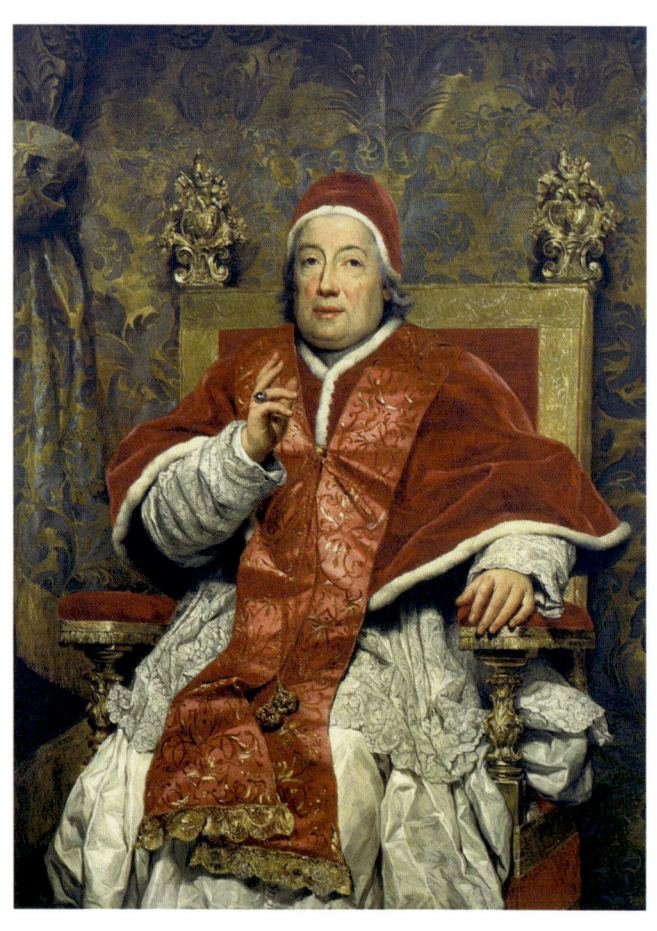

Clemente XIII, 1758
Ca' Rezzonico, Venecia

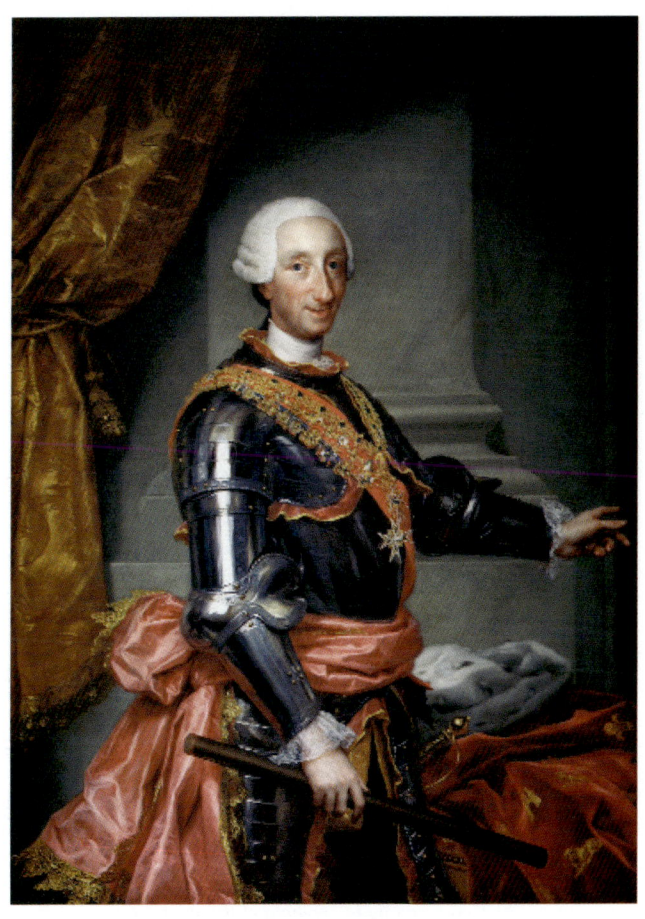

Carlos III, 1765
Museo del Prado, Madrid

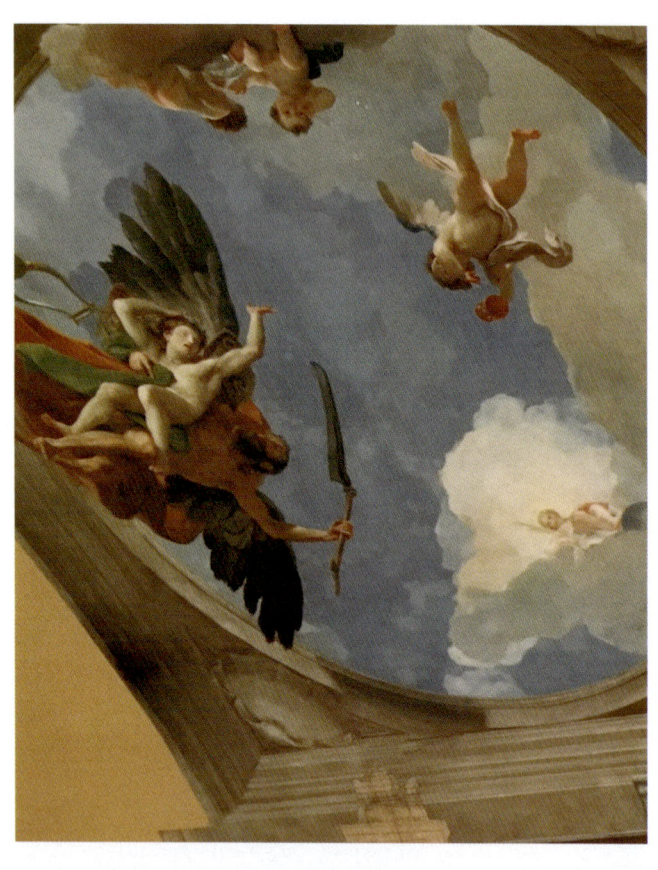

El Tiempo enojado arrebata el Placer, 1776
Bóveda inacabada del Teatro del
Palacio Real de Aranjuez

dad que es propia suya, dejándole plena libertad, y tres mil escudos de paga, con otros mil más divididos en pensiones para dotes a sus hijas.

Puesto ya Mengs en Roma en medio de su familia, establecida su reputación por todo el mundo, y con fondos para no deber comprar su subsistencia con el trabajo, parece que debía ser el hombre más tranquilo y feliz del Universo. No obstante sucedió todo lo contrario. A poco tiempo perdió a su mujer, a quien idolatraba, porque verdaderamente lo merecía, pues era un espejo de virtud, de honestidad, y de complacencia por su esposo; y desde aquel punto se le alteró la imaginación de manera, que fue un continuo martirio de sí mismo, y de los que vivían con él. Sus males antiguos cobraron nuevas fuerzas, y se descubrieron otros de nuevo. La impresión del frío, que siempre le fue contrario, y que en aquel invierno fue aquí excesivo, le hizo dar aún más en el extremo de vivir y pintar en cuartos cerrados, con chimenea fuerte, y estufa, a que se añadía un brasero. Este excesivo calor enrarecía y secaba el aire más allá de lo que convenía para la respiración. Sus pulmones perdieron la elasticidad, y recibían las emanaciones dañosas de una infinidad de colores minerales que el calor había disuelto en el ambiente. Muchas veces me sucedió haber de privarme de su compañía, no pudiendo mi cabeza tolerar aquella atmósfera apestada de su cuarto. Cuando pintaba a fresco aún era peor, porque a lo sobredicho se añadía la postura forzada contra las bóvedas, y respirar los hálitos venenosos de la cal, y de los minerales que se usan en aquel género de pintura. Su linfa se espesó de manera que no nutría la sangre. Sus músculos y vasos perdieron la elasticidad; perdió también casi del todo la voz: le atormentaba una tos hueca y seca; y su semblante parecía un verdadero cadáver. Los Médicos ignorantes le declararon tísico.

No obstante este deplorable estado de salud y postración de fuerzas, ni un día interrumpió sus trabajos. Acabó un cuadro de Andrómeda y Perseo, que años antes había empezado, en que hizo ver el carácter heroico de los Griegos: carácter que no puede gustar a los vulgares aficionados, que no conocen las bellezas ideales. Este cuadro yendo a Inglaterra fue apresado por un Capitán Francés que arribó a Málaga, desde donde le remitió por tierra, pasando por Madrid, de regalo a Mr. Sartine, Ministro de la Marina de S.M. Cristianísima.

En los últimos meses de su vida hizo un cartón a lápiz de un Descendimiento diferente del que tiene el Rey en su cámara; y siendo el mismo asunto repetido, supo sin embargo variar la composición y las expresiones de manera que no puedo hallar voces con que explicarle. El mayor filósofo desde Sócrates acá, no ha descrito los movimientos del alma con la propiedad, calor y dignidad que los expresó Mengs en las figuras de aquel dibujo con solos dos colores. Cuando escribo esto toda Roma está admirando tal prodigio del Arte; y el Marqués Renucini de Florencia ofrece ya veinte mil reales por él.

Antes que partiese Mengs para España la última vez le habían dado comisión de pintar un cuadro para San Pedro en el sitio en que hoy está la caída de Simón Mago de Van. El paraje es peligroso por la desgracia de otro Pintor que aún vive, y vio desechada la obra que le hicieron ejecutar para allí. Mengs a su vuelta a Roma pensó emprender este cuadro, a pesar del disgusto que le causó la ignorante petulancia del Prelado que corría con las cosas de aquella Iglesia. Pensó pues mudar el asunto, y representar la entrega de las llaves a San Pedro; porque siendo este el paso más importante de la vida del Príncipe de los Apóstoles, y que da fundamento a este gran templo, y a tantas cosas más, no hay cuadro en el que le represente. Cuantos Pintores han manejado este asunto expresaron la alegoría de las palabras de Cristo con la material entrega a la mano de unos llavones, como si fuesen los de la bodega o del pajar. Mengs, sublime y espirituoso en sus ideas, pensó figurar a Cristo que con una mano confirma a S. Pedro, y con la otra levantada le señala al Eterno Padre, que en un trono de majestad ordena a uno de sus Ángeles vaya a llevar a San Pedro las llaves, (que aquí no hacen el principal papel); y al mismo tiempo parece que escribe con el dedo en una tabla de mármol sostenida de sus ministros: *Quodcumque ligaveris super terram, &c* [Cuanto atéis en la tierra...]. La sublimidad de la expresión del Padre hace ver al Creador de todas las cosas: en la de Cristo se ven la bondad y el amor; en la de San Pedro la fe más resuelta y determinada; en cada uno de los demás Apóstoles significa lo que corresponde a su edad y circunstancias. La inteligencia de la composición, el reposo de la vista, la propiedad de los ropajes, la naturalidad de los pliegues, y la contraposición que habría hecho lo serio de los vestidos con las carnes de los Ángeles de la Gloria, prueban bien que Mengs destinaba su cuadro a la competencia de tantas maravillas como encierra aquel templo. De todo esto no ha quedado más que un bosquejo bastante concluido a claroscuro de cinco palmos de alto: que quizá porque sale de lo regular de las composiciones ordinarias, no le han adquirido aquellos Señores; y probablemente irá a parar a manos de algún profano.

Vamos ahora a la última obra en que Mengs echó el resto de su saber, y en que se superó a sí mismo. Habíale el Rey ordenado tres cuadros grandes para la Capilla nueva del Palacio de Aranjuez, y empezó por el principal, que representa la Anunciación de Nuestra Señora. Después de haber trabajado dos meses en pensar y diseñar este cuadro, la mañana que le empezó estaba yo presente con Mr. Hewetson hábil Escultor, que modelaba mi retrato bajo la dirección del mismo Mengs. Oímos que silbaba y cantaba a solas, y le preguntamos la causa. Nos dijo, que repasaba una sonata de Corelli, porque pensaba hacer aquel cuadro por el estilo de la Música de aquel famoso Compositor. Los Pintores modernos, hechos a recibir aplausos de los que se apropian el título de inteligentes, se reirán tal vez al oír que un cuadro se hace por una sonata; pero de otro modo pensarían si supiesen con fundamento la profesión, y estudiasen un poco más lo que estudiaban los Griegos. No hay cosa más parecida a la Pintura que la Música: una y otra son artes de imitación: tienen por objeto la belleza, y necesitan de la armonía. Un sonido cualquiera no es bello porque esté bien imitado; ni una pintura bella porque imite bien un objeto. Uno y otro serán copias fieles, y no más. Podrá deleitar los sentidos una música, pero como dice Platón en el segundo de las Leyes, solo es laudable aquella que exprime la belleza. Ni la deben juzgar los sentidos, sino la razón de los buenos e inteligentes. Las leyes que él llama *citaredas* no permitían a los Griegos usar un *modo* de música diferente del que pedía un asunto: y por translación aplicaban las denominaciones músicas a las demás cosas, como vemos que Diógenes Laercio, para explicar la simplicidad y seriedad del vestido de Polemón, dice que se parecía al modo Dórico de la Música.

Mengs, que había penetrado tanto en las delicadezas de los Griegos y de su arte, sabía que en un asunto campestre y pastoril debía usar del modo peonio, y no del ditirámbico; y en un bacanal de éste, y no de aquel. En un Descendimiento del modo Dórico; y en un Nacimiento, o una

45

Anunciación del género cromático alegre y gracioso. Quien vea cualquiera de sus cuadros hallará observada esta conveniencia; y sin saber cómo, sentirá interiormente la suave impresión que debe causar aquel determinado género.

Su carácter noble y elevado le hacía aborrecer todo asunto bajo y plebeyo. No podía sufrir la música *bufa*, ni las *bambochadas*, y mucho menos los ridículos grotescos o arabescos; en lo cual pensaba como Plinio, Vitruvio, y toda la sana antigüedad. *

* Ninguna cosa mueve tanto la indignación del buen Vitruvio cuanto este depravado gusto de los grotescos, o arabescos. Óigase como se explica, en el lib. 7. cap. 5, aquel juicioso autor, que quizá servirá de correctivo al torrente de la corrupción de la Pintura, que algunos han resucitado en estos últimos años, apoyándose al ejemplo de Rafael.

"Estas pinturas (las buenas) que los antiguos copiaban de las cosas verdaderas, se han abandonado ahora por depravada costumbre; y se pintan en las paredes monstruos, en vez de imágenes de cosas verdaderas. En lugar de columnas se figuran cañas; y por frontispicios se ponen arabescos istriados con hojas rizadas y encrespadas; o candeleros que sostienen figuras y casas pequeñas; y sobre los frontispicios hacen nacer muchos ramos tiernos que retorciéndose acaban desatinadamente en mascarones; y además flores, que despuntando de sus ramos, acaban en cabezas semejantes unas a hombres, y otras a animales. Estas cosas no existen, no han existido, ni pueden existir; y sin embargo ha prevalecido tanto esta nueva moda, que por ignorancia se prefieren al verdadero mérito del arte. En verdad ¿cómo puede una caña sostener un techo? o un candelero una casa con todos los adornos del frontispicio? o de un ramo

46

En efecto estas cosas hablan solamente a los sentidos, y la Música y Pintura seria y heroica a la razón más purgada, y excitan ideas sublimes que engrandecen nuestra naturaleza. En una palabra, lo primero es todo material, y lo segun-

tan delgado y tierno nacer una figura sentada ? o en fin, una raíz o tronco producir de una parte flores, y de otra cabezas ? Las gentes, no obstante saber que estas cosas son falsas, no las reprueban; y al contrario gustan de ellas, sin reflexionar si pueden ser verdad o no: por lo que, ciegas de preocupación, no saben distinguir lo que puede ser, y lo que no puede ser según razón y reglas convenientes. No se debe jamás aprobar pintura alguna que se aparte de la imitación de la verdad: y por más que esté ejecutada con excelencia, será siempre condenable, si no se halla una razón clara y cierta de su composición." Se puede ver cómo continua Vitruvio dando las más juiciosas reglas para juzgar de tales obras.

En cuanto a las pinturas de países, marinas, y bambochadas, que introdujo en Roma Ludio en tiempo de Augusto, puede verse el juicio que de ellas hace Plinio lib. 35. cap. 10. donde por contraposición de estas pinturas que se hacían en las paredes con tan desatinado gusto, alaba las de historia, que solas conocieron los Griegos: y concluye con estas palabras: *Sed nulla gloria artificum est, nisi eorum qui tabulas pinxere: coque venerabilior apparet antiquitas.*

Por *bambochada* se entiende un asunto bajo, plebeyo y ridículo. Viene este nombre de un cierto Pedro Laar Pintor Flamenco, feo y corcovado, que en el siglo antecedente pintaba estas cosas en Roma, donde le pusieron por apodo el *Bambocho*. Es un género de Pintura despreciable, y que pide poquísimo talento y corrección. La escuela Flamenca ha sobresalido en él, creyendo que la fiel imitación de cualquiera cosa hace todo el mérito de la Pintura; y así han tomado sin discreción una parte por el todo del arte. Palomino en su elogiadora e indecisa explicación llama a las *bambochadas*, *baratijas*, y *bodegoncillos*.

47

do todo alma: a que se añade la facilidad en lo uno, y la dificultad en lo otro.

Empezó Mengs, como he dicho, el cuadro de la Anunciación según el carácter de la música de Corelli, en que la armonía está tan bien distribuida, que los sentidos se hallan conmovidos igual y blandamente, sin que un tono más fuerte o más débil destruya la dulce impresión del otro, y sin que por eso peque en monotonía; lo cual detiene con placer la vista, que con repugnancia se aparta del objeto. La Virgen es de una hermosura ideal, y parece imposible que la mente humana se haya podido elevar hasta allí. Expresa la humildad, y la modesta alegría; después de pasada la primera turbación. La belleza del Ángel Gabriel, y de los demás de la corte, es correspondiente al carácter de ministros de Dios, y su expresión la de estar lleno de gozo en serlo para ministerio tan alto. Sobre todo resalta el Padre eterno, el cual, si con lo pequeño podemos dar idea de lo grande, y con lo humano de lo divino, solo él nos puede hacer concebir la imagen del Omnipotente eterno Criador. Miguel Ángel y Rafael lo representaron siempre con aire severo y terrible, y con túnica morada, que le da tono triste, y parece quisieron infunda terror. Mengs decía que el Padre eterno era el Padre de la gracia, y así le representó con vestido blanco, y con una expresión de majestad y de bondad, que hace amable hasta el impero y el poder.

Esta fue la última obra de nuestro Mengs, habiendo muerto mientras la pintaba, y precisamente trabajando en el brazo de San Gabriel que tiene la azucena. Pocos conocerán que esta pintura no esté concluida; pero lo cierto es que le faltaba aún mucho para darla aquello que él llamaba la última gracia. Mengs en fin murió dejando incompleta su Anunciación, como Apeles su Venus. Uno y otro se propusieron superar todas sus obras anteriores en su último cuadro, y ninguno de los dos le concluyó, ni se halló quien fuese capaz de hacerlo: *Apelles inchoaverat aliam Venerem Cois, superaturus etiam suam illam priorem. Invidit mors per acta parte; nec qui succederet operi ad praescripta lineamenta inventus est.* En fin este cuadro de la Anunciación de Mengs ha tenido la misma suerte del Iris de Arístides, de los Tindáridas de Nicómaco, de la Medea de Timómaco, como de la Venus de Apeles, que hemos dicho: pinturas todas que dejaron sus autores sin acabar, y que, como dice Plinio, eran más estimadas que si fuesen concluidas; porque *lineamenta reliqua, ipsaeque cogitationes artificum spectantur; atque in lenocinio commendationis dolor est: manus, cum id agerent extintae, desiderantur.*

No es esta circunstancia la sola que hace semejantes estos dos grandes Pintores Apeles y Mengs. El antiguo gozo del favor y estimación de Alejandro; y el moderno del de un Carlos III. Aquel y este se han distinguido por la gracia que imprimieron en sus obras, esto es, por aquella cosa que se siente mejor que se explica, y consiste en una cierta suavidad en los contornos, facilidad en los movimientos, que no muestran nada forzado: en el escoger aquel preciso movimiento que toman todas las partes cuando se muestran agradables; y en fin en la naturalidad y armonía de composición y colorido. Apeles era sincero hasta confesar que le excedía Amphión en la composición, y Asclepiodoro en la perspectiva. Mengs no le cedía tampoco en sinceridad, como veremos por algún ejemplo; pero seguramente que aquellos dos Griegos no supieron más que el de perspectiva y composición. La injuria del tiempo nos ha privado de los escritos de Apeles; y Mengs será probablemente más feliz con los suyos. Por fin aquel acordaba sus colores con un barniz que, según Plinio, unía las tintas, y las defendía del polvo y las manchas. El barniz de que usaba Mengs no cede ciertamente al de Apeles, a despecho de lo que han murmurado algunos Pintorcillos ignorantes.

Parecerá a alguno que con estos razonamientos voy huyendo del doloroso paso de la relación de la muerte de mi amigo. Confieso que mi sensibilidad padece mucho al renovar tan funesta escena; pero pues el deber pide que se haga, referiré muy brevemente aquella tragedia miserable.

La fatiga y los males habían reducido a Mengs a un estado increíble de debilidad; pero no se perdía la esperanza de recuperarle, si se le hubiese podido reducir a un método de vida más tranquilo y descansado. Su impaciencia, unida a la imaginación más ardiente, le hicieron dar oídos a un charlatán paisano suyo, que prometió curarle en muy pocos días; y para ello le dio secretamente, sin que su Médico, ni alguno de la familia lo notase, un purgante violento, que acabó con las pocas fuerzas que le quedaban, y le ocasionó varios deliquios, en que se le creyó muerto. Recobrado malamente de este ataque, le quedó un gran devaneo de cabeza; y se le fijó la idea de mudar casa, molestando a todas sus gentes para que fuesen a ver y tomar cuantas desalquiladas había en Roma: siendo de notar, que entonces tenía tres, una que fabricaba, y dos alquiladas. Sin embargo, una mañana se hizo de repente transportar a una posada de la calle que llaman *de' Condotti*, adonde llevó consigo la molesta compañía de sus males y de sus ideas; y así a pocos días se mudó a otra en la calle Gregoriana. Continuando allí su comunicación clandestina con el empírico, le persuadió que tomase ciertos jazmines que distribuye una monja de Narni con mucha fama de milagrosos: y para complemento de la maldad, mezcló con ellos, según hemos sabido después, una fuerte dosis de antimonio diaforético, que en poco tiempo acabó con aquella máquina ya medio destruida. De este modo la charlatanería y la superstición se combinaron para privar al mundo de un hombre tan digno de más larga vida; pues había vivido solos cincuenta y un años y tres meses.

Sus obras y sus escritos le, aseguran lugar en el templo de la inmortalidad: y sus costumbres y fondo de bondad una dolorosa memoria en el corazón de sus amigos. Su cadáver fue sepultado, con asistencia de los Profesores de la Academia de San Lucas, en la parroquia de San Miguel a la falda del Ianículo. Después he hecho yo colocar su retrato en bronce, modelado bajo su propia dirección, en el Panteón al lado del de Rafael. La inscripción que he puesto debajo dice así:

ANT. RAPHAELI. MENGS.
PICTORI. PHILOSOPHO.
JOS. NIC. DE. AZARA. AMICO. SUO. P.
MDCCLXXIX.
VIXIT. ANN. LI. MENSES. III. DIES. XVII

La vida y estudios de este hombre deberían servir de estímulo a los que se aplican a las nobles artes para ponerse en el buen camino de la perfección. Su padre, le dirigió bastante bien en la primera infancia, acostumbrando su vista a la exactitud; pero yo le oí quejarse muchas veces de que le hubiese ocupado en diseñar estampas: porque aunque estas fuesen buenas en su género, ya habían perdido en el grabado parte de la excelencia de sus originales: sus contornos son siempre más *cargados*,* y se apartan de

---

* No hay voz en nuestra lengua que explique lo que es en Pintura *cargado* y *caricatura*, y por eso uso la voz Italiana. Cargar una figura es

aquella simplicidad que hace la verdadera belleza. El método de dar escrupulosa razón de todo es necesario; pero se debe usar con discreción, porque si no se acostumbra la juventud a reparar demasiado en las menudencias de cada parte, quitando la atención del todo y de lo grande. También se quejaba Mengs de que su padre le hubiese empleado en pintar a esmalte, y de miniatura; porque después le costó trabajo el deshacerse del gusto *seco*,* que lleva consigo aquel género. Verdad es que Mengs supo libertarse enteramente hasta de este defecto cuando en sus últimos tiempos hizo por complacencia alguna miniatura. No sé sin embargo que haya hecho más de cuatro, y las tres las poseo yo.

Su veneración por la antigüedad era grande; pero no fanática, pues donde hallaba los defectos los notaba. Entre

---

es señalar más allá de la verdad las partes imperfectas y defectuosas: como por ejemplo, si un hombre tiene la nariz un poco grande, hacérsela grandísima, y monstruosa. De ello resulta una *caricatura*, esto es, una cosa ridícula. Un contorno, o una parte cualquiera que debe señalarse suavemente, si se hace con más fuerza de la necesaria, se llama un contorno *cargado*.

* *Seco* en Pintura se dice por metáfora de aquellas cosas a quienes falta un cierto jugo y pastosidad; así como sucede a las carnes flacas y áridas. El paso rápido de una tinta a otra diferente, y las líneas demasiado rectas, quitan aquella suavidad a las cosas. Como en la miniatura se obra con puntos, estos no se pueden unir de manera que sea imperceptible el paso de uno a otro; y por eso es tan difícil hacer una miniatura que no peque en *seca*.

53

repara los errores y las bellezas de una obra hay esta diferencia, que para lo primero bastan los ojos, y para lo segundo es menester la razón ilustrada, y acompañada de aquella sensibilidad fina, que no se halla tan comúnmente. La envidia y la malignidad de abatir a los otros, para hacernos valer algo más, nos suele hacer linces en descubrir las faltas ajenas: y uno que las halla luego en alguna obra, y calla lo bello de ella, es seguramente un ignorante, o un envidioso, o lo uno y lo otro. Nadie como Mengs conocía lo bueno y lo malo de las estatuas antiguas. Varias veces contemplando conmigo el sublime Laoconte se encendía de entusiasmo en sus bellezas; y solamente en una ocasión me hizo reparar, que la tibia derecha de uno de los hijos era mucho más corta que la otra. Con motivo de haber regalado al Rey para su Academia de las Artes todos los yesos de su gran colección de estatuas (colección única, que le había costado sumas superiores a su hacienda) pensaba hacer un Tratado sobre la manera de ver las cosas antiguas, y descubrir en ellas sus bellezas; porque temía hubiese quien, de alguna descorrección, tomase motivo para declamar contra el mérito real de las obras. La muerte nos ha privado de este escrito: y yo sé que habría sido un modelo de sagacidad y filosofía. Solo él era capaz de haber descubierto y demostrado, como lo hizo en una carta, a Monseñor Fabroni, que, el grupo de Níobe es una mediana copia del insigne original de que habla Plinio. Era tal su inteligencia, que habiendo yo hallado en una excavación, que hacía en la Vila de los Pisones de Tívoli, una cabeza muy maltratada y desconocible, luego que la vio me dijo que era escultura del tiempo de Alejandro Magno. Pocos días después hallé los restos, y la inscripción, que autenticaba ser el retrato del mismo Alejandro. Por fin es menester saber que todo lo que hay técnico en la Historia del Arte de Winckelmann es de su amigo Mengs: y esto basta para dar idea de lo que había meditado las obras de los antiguos.

Habiendo yo descubierto una casa antigua en el monte Esquilino con varias pinturas a fresco, corrió al instante Mengs a verlas: y determinando que se gravasen y ofreció hacer los dibujos. No contento con eso, emprendió copiarlas en pequeño con un amor y empeño increíbles. Lo ejecutó con las tres primeras, haciendo tres prodigios del arte, que con generosidad me regaló. La muerte no quiso que acabase las restantes hasta trece, que eran los originales hallados.

En la misma excavación hallé entre otras cosas una Venus de mármol de tan perfecta escultura, y estilo tan gracioso, que enamorado Mengs de ella, quiso restaurar por su mano las piernas que la faltaban. En su vida no había manejado el cincel; pero su gran talento y saber hizo que el mármol le obedeciese con la misma docilidad que los colores, admirando a los mismos Profesores, que desde las obras de los Antiguos del mejor tiempo no habían visto aquella correc-

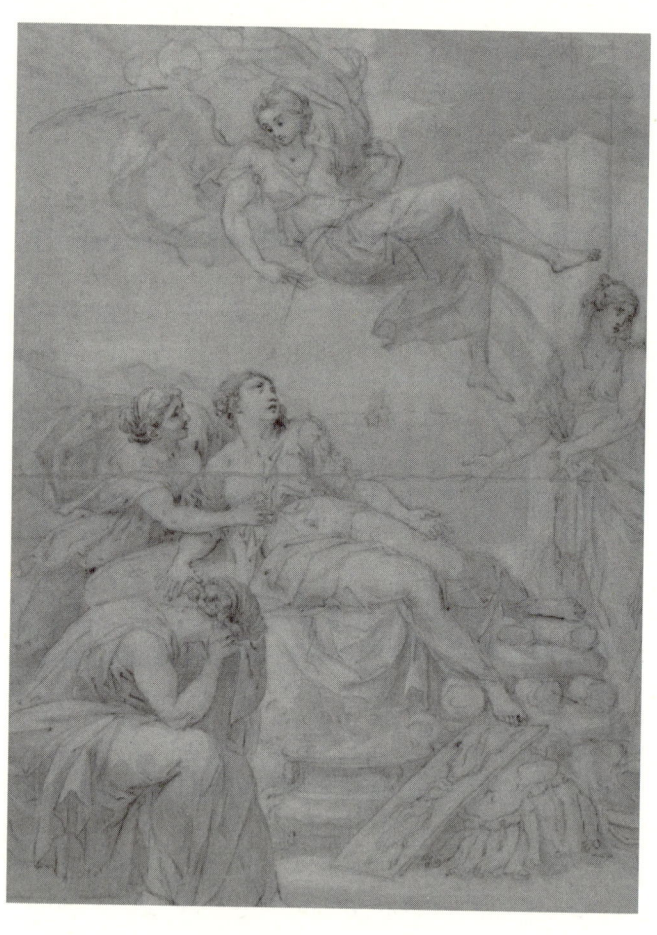

Muerte de Dido, dibujo
Crocker Art Museum, Sacramento

ción, gracia y delicadeza. Con todo eso Mengs, llenando la expectación de todos, a sí solo no se contentaba; y había ya quitado a la Venus las primeras piernas, y bosquejado y devastado otras, que quedaron en aquel estado a su muerte; pero yo hice restituir las primeras, conservando este tesoro del arte.

De todos los Pintores modernos tenía a Rafael por el primero en el dibujo y la expresión, a Correggio en la gracia y claroscuro; y a Ticiano en el colorido. El primero ocupaba su entendimiento, el segundo su corazón, y el tercero no le pasaba de los ojos. De lo bueno de todos ellos se aprovechó para formar su estilo, como la abeja recoge de varias flores el jugo de que forma su miel. Basta ver cualquiera de sus pinturas para convencerse de esta verdad.

Como Rafael poseyó la parte esencial del Arte, que es la expresión, así fue el que más estudió Mengs y jamás se cansaba de contemplarle. Entre el estilo de los dos hay sin embargo mucha diferencia: Rafael supo declarar con el pincel todo cuanto tiene visible la naturaleza, y cuanto el alma influye en el cuerpo en el movimiento de las pasiones. Un discernimiento fino, y que nadie ha poseído en más alto grado que él, le dirigía para escoger siempre la más hermosa naturaleza; pero no vemos que jamás se elevase sobre ella. Sus Vírgenes, por ejemplo, son retratos de las más bellas y frescas doncellas que se hallaban en su tiempo; pero siempre tienen fisionomías demasiado ordinarias, y nada de divino. La famosa *Madona della Seggiola* no es más que una paisana que da el pecho a un hermoso infante. Solo, al fin de su vida, parece por una carta suya al Conde Baltasar Castiglione, que la especie de la Elena de Zeuxis, para la cual escogió lo mejor de muchas doncellas, le hizo sospechar que había otro género de Pintura ideal; que escogiendo bien las partes, forma un todo superior a la misma naturaleza: y según esto quiso hacer su *Galatea* en la Farnesina. Si Rafael hubiera vivido más, quizá habría elevado la Pintura a aquel grado de perfección; pero el destino había reservado esta gloria a Mengs. Sus figuras divinas tienen lo menos de humano que pueden tener: de muchas partes perfectas escogidas formaba sus composiciones, omitiendo las menos nobles y superfluas, y las que significan las miserias de la humanidad; y así producía aquella belleza ideal y sublime que caracteriza sus obras.

Rafael, lleno de la expresión sensible, parece que en algún modo descuidaba el claroscuro y el colorido. Sus tintas son crudas, y sus carnes de un rojo muchas veces ingrato, como puede conocer cualquiera que tenga ojos, y mire sin preocupación. Sus cuadros suelen tener una monotonía de color desagradable; y por eso no gustan a primera vista, y necesitan de la reflexión. Los de Mengs juntan la expresión más sublime al colorido más verdadero y harmonioso, y a aquella inteligencia de los varios efectos de la luz, que encanta los sentidos a la primera impresión, y la razón en el examen. Sobre todo encierran aquella gracia que se siente y no se explica, en que Apeles se creía inimitable. El Pintor de Urbino copiaba la más bella materia; y el Alemán la copiaba, la mejoraba, y la ennoblecía: aquel sacrificaba solo a la razón; y éste a la razón, y a las gracias.

Estoy bien cierto de que habrá muchos que tendrán mis proposiciones por escandalosas, como si se dirigiesen a despojar a Rafael del culto que se le tributa hace más de dos siglos; pero nada me hace fuerza para callar la verdad cuando la siento. Quien me quiera juzgar examínese antes un poco a sí mismo, y vea si está bien despojado de preocupaciones, o de alguna otra pasioncilla menos excusable.

El manejo del pincel que tenía Mengs era propio y privativo suyo. Empastaba mucho sus cuadros de colores, para que recibiesen y reflejasen mayor cantidad de luz; y en esto era tan delicado, que toda su vida se preparó por sí mismo la paleta. Conocía a fondo y químicamente la naturaleza de cada color, y el efecto que debía hacer después de mucho tiempo, cuando se hubiese evaporado el aceite. Sabia perfectamente la teoría de la luz, y su descomposición por el prisma en siete colores; pero para su práctica seguía un sistema diferente. No conocía más que tres colores primitivos, el amarillo, el rojo y el azul; y de la mezcla de estos tres hacia todas las tintas. El blanco y el negro no los reputaba por colores; ni, pudiendo, se valía de otras materias más que de tierras naturales.

Prefería el pintar en tabla cuando lo podía hacer; porque por mucho y bien imprimado que esté el lienzo; nunca presenta una superficie tan lisa y unida como la madera: cada hueco o relieve, por pequeño que sea, hace un reflejo falso de luz; y además, si la tela es un poco grande, huye al sentar el pincel, y no puede la mano ejecutar con la firmeza y exactitud necesarias.

Quien examine sus obras no hallará las huellas del pincel, como en las de otros Pintores: todo está unido como en la verdad; porque la naturaleza no obra a saltos, y una tinta entra en la otra imperceptiblemente. Por eso los jóvenes, que quieren copiar sus obras, no aciertan a adivinar cómo están hechas, y no saben por dónde empezar, faltándoles las reglas que les han dado otros, que se reducen a varias recetas de lo que deben aplicar a cada cosa. Este mal viene de lo que llaman escuelas, que tanto en las artes, como en las ciencias deben producir la ignorancia. Todos los que las han fundado. han sido hombres de mérito. Sus discípulos los han procurado imitar, y a estos otros sucesivamente: y como el que imita va siempre detrás de su modelo, los últimos se quedan tan lejos, que ni llegan a ver a los primeros. Esto produce directamente el obrar por práctica, y lo que he llamado Pintores de *receta*.

Poquísimo de lo que hay escrito sobre las artes satisfacía a Mengs. En especial le disgustaban los escritores de las vidas de Pintores, señaladamente Vasari; porque de todo hablan demasiado, menos de lo esencial, que es el arte. Mil anécdotas insulsas de la vida privada e historias domésticas, con alguna exactitud inútil del precio y paradero de los cuadros, y derramar a dos manos alabanzas exageradas, y epítetos de milagro y de divino, hacen el fondo de las vidas de Vasari, con sus anotadores. La de Correggio es tan indigna, que movió a Mengs a componer de nuevo unas Memorias, con el fin de que sirviesen para cierta Colección de vidas de Pintores, que se estaba haciendo en Florencia. Pero los Editores creyeron conveniente hacer poco uso de ellas; y a la verdad no eran muy del caso para el plan que ellos seguían.

Un cierto Falconet, Escultor, que ha hecho la estatua del Czar Pedro en bronce, se divirtió en escribir dos tomos, para desahogar su bilis contra Plinio, Cicerón, y el caballo de Marco Aurelio, y contra todo lo más ilustre que hay en el mundo de obras y de escritores antiguos y modernos. Mengs tenía demasiado mérito para ser olvidado en esta filípica, y así le tocó también su dosis de Falconet. Le escribió una carta muy modesta, no por justificar su persona, sino por honor del arte, y tuvo respuesta; pero no paso adelante la contestación, porque Mengs no gustaba de perder tiempo; y porque aquel libro: está escrito con demasiada ignorancia y maledicencia, para que pueda hacer daño; sobre todo en Italia, donde no se admiten sorpresas en punto de las bellas Artes, y donde la crítica, y aun la sátira gustan cuando son finas y discretas; pero se desprecian cuando se derraman con la comezón y animosidad que las vomita el bilioso Falconet.

Del Libro moderno del Sr. Reynolds, Inglés, decía que es una obra, que puede conducir los jóvenes al error porque se queda en los principios superficiales que conoce solamente aquel Autor.

El temperamento colérico y adusto de Mengs le hacía parecer áspero algunas veces en su trato, y decir su dictamen en materia de las Artes con una sinceridad que parecía dureza; lo cual le suscitó infinitos agraviados y quejosos. Pero en el fondo era la misma bondad, y se arrepentía luego, si conocía que alguno se había picado: y lo que es más le ayudaba con sus consejos y lecciones; porque nunca hizo algún misterio de su arte.

Había Clemente XIV comprado por medio de un negociante varios cuadros de Venecia; y queriendo que Mengs le dijese lo que pensaba de ellos, le respondió claro, que no valían nada, y que le habían engañado. Su Santidad le replicó, que tal Pintor se los había alabado mucho: y Mengs respondió: N. y yo somos dos Profesores: el uno alaba lo que es superior a su esfera; y el otro vitupera lo que le es inferior. De un Escultor que había puesto su nombre en la estatua del Desinterés del sepulcro de un gran Papa de este modo, *N. invenit*, decía que había hecho bien de advertir que la había inventado; porque seguramente no la había tomado de cosa de este mundo. Del grabado que se está haciendo de las pinturas del Vaticano, decía que habían traducido grandemente a Rafael en Veneciano.

La candidez de sus costumbres era singular, y se conocía que su entusiasmo por las artes había sofocado en él todas las demás pasiones. Su veracidad y horror a la mentira era increíble: para prueba de ello me contentaré con solo un ejemplo, entre infinitos que podría citar. Entrando en Francia por Pont-Vauvoisin la última vez que fue a España, vieron en la aduana que llevaba algunas cajas de oro guarnecidas de brillantes, que eran regalos de varios Príncipes. Dijéronle aquellos ministros si las llevaba para vender, o si eran de su uso. Respondió que no era mercader, y que no tomaba tabaco. Ellos se contentaban, y le instaron a este efecto, con que afirmase lo segundo, para dejárselas llevar libremente; pero no pudieron conseguir de él que dijese contra la verdad haber tomado un polvo de tabaco en su vida, y se vieron a su pesar obligados a tratar sus cajas como género comerciable: y él se las dejó embargar. Jamás habría tomado la pena de recuperarlas, si el Marqués de Llano y yo no le hubiéramos ajustado esta dependencia en París.

Fue el marido más fiel, y el padre más tierno de sus hijos, a quienes daba una rígida y excelente educación. No obstante eso ha dañado mucho a su familia con su poca economía y desprecio del dinero; pues, ajustadas cuentas, se halla que en sus últimos 18 años entraron en su poder más

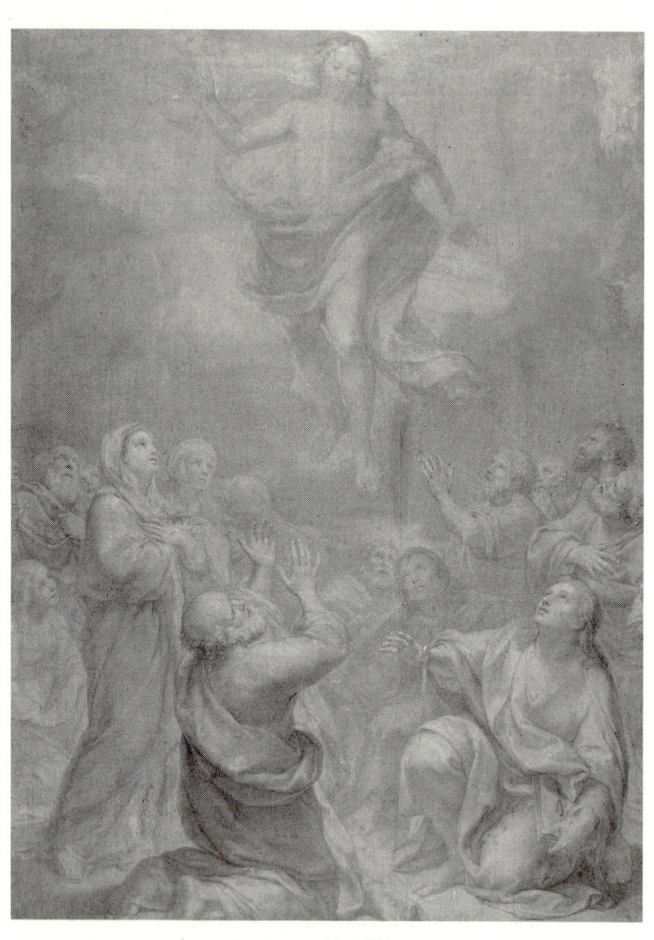

La Ascensión, dibujo
Museo del Prado, Madrid

de ciento y cincuenta mil pesos fuertes; y casi no dejó con qué pagar su entierro.

Apenas hay Soberano en Europa que no desease, y que no hubiese encargado alguna obra a Mengs. La Czarina le había dado comisión de hacer dos cuadros, dejando a su arbitrio los asuntos y el precio, y dándole adelantados dos mil escudos a cuenta; pero la muerte no le permitió ni siquiera empezarlos. Luego que la magnánima Catarina supo por una correspondencia del incomparable Cardenal de Bernis el estado en que quedaba esta familia, la regaló dicha suma. El don no merecería tal vez mentarse, tratándose de una Soberana que tiene atónita a Europa con su gobierno, con su legislación, con sus triunfos, y con su generosidad; pero en sus anales no desmerecerá tener lugar una acción de humanidad semejante, y no confundirse con tantas otras maravillas como ofrecerá su reinado.

Deseoso el Rey de Nápoles de introducir el buen gusto de la Pintura en su capital, pensó fundar una Academia de las Artes, y ponerla bajo la dirección de Mengs. Para esto pidió a su Augusto Padre que le permitiese pasar a Nápoles con este encargo; y S. M. se lo concedió graciosamente, conservándole su sueldo sobre el que S. M. Siciliana pensaba señalarle. La noticia de esta gracia, que habría sido de inmensa satisfacción para Mengs, llegó a Roma ocho días después de su muerte; la cual le privó de este consuelo, y a Nápoles del provecho que habría sacado de su enseñanza.

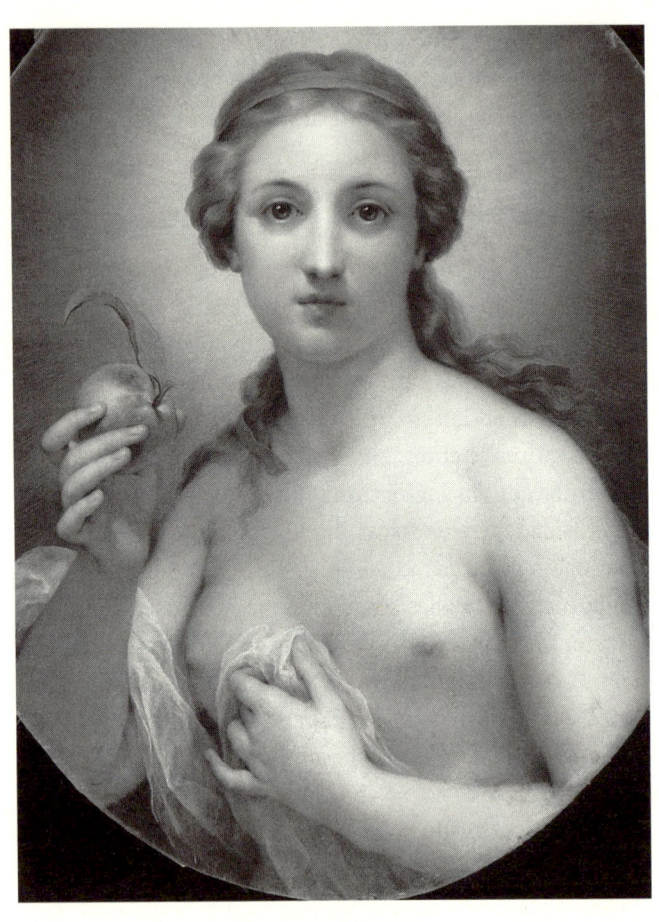

La Verdad, óleo, 1756
Museum of Fine Arts, Boston

Los Amphicciones decretaron, que Polignoto fuese alojado y mantenido del público por donde quiera que anduviese de la Grecia, por haber pintado el Pécil de Atenas. Carlos III derramó sus tesoros sobre Mengs mientras vivió, y después de muerto ha dotado sus cinco hijas, y dado pensiones para vivir a sus dos hijos.

No he hablado de los Escritos de Mengs, no obstante que por ellos será tan famoso como por su pincel; porque daré cuenta de ellos al paso que se vayan publicando. Solamente diré ahora, que el caos de sus papeles es tal, que no me permite ordenarlos con la solicitud que quisiera: y que a este trabajo se añade el de reducirlos a una lengua, porque el Alemán, el Italiano, el Castellano y aun el Francés son idiomas en que Mengs compuso promiscuamente todas sus Obras.

La decadencia de las artes no tanto se debe atribuir a los artífices, como a los aficionados y ricos que encargan las obras. La ignorancia y la barbarie de estos fuerzan a los primeros, cuando los emplean, si son hábiles, a renunciar sus ideas; pero las más veces, por simpatía de necedad, prefieren para las obras al más negado, o al más intrigante. No consideran la deshonra que les acarrea tal conducta, ni la propia infamia que eternizan con su dinero; pues nadie verá una obra pensada y ejecutada a despecho de la razón, que no bautice de ignorante y bárbaro al que la mandó hacer. El mal no está, pues, tanto en los artífices, como en los que mandan hacer las obras, y en los que las pretenden juzgar. Sabemos que entre los Griegos eran Filósofos los que ordenaban, y Filósofos los que ejecutaban. Por eso se ha dicho que había gran necesidad de un libro que enseñase a ver las cosas. Yo creo que los Escritos de Mengs podrán servir para esto; y no será el menor de los servicios que aquel hombre insigne habrá hecho a las artes.

Roma 10 de Noviembre de 1779.

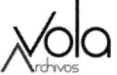